SUPERESTRELLAS DEL FÚTBOL

Rafael Márquez

¡A la cumbre!

2010 Deja el Barcelona y se une a los Toros Rojos de Nueva York.

2009 Jugando con el abrumador Barcelona, gana 6 trofeos en una sola temporada.

2006 Es coronado junto con su equipo campeones de la Liga Europea.

2003 Es contratado por el Barcelona de España.

2002 Debuta en el Mundial Corea.

1999 Hace su debut en la Liga 1, jugando para Mónaco. Debuta en la Copa América ante Chile.

1996 Debuta en Primera División, jugando para El Atlas de Guadalajara.

1979 Rafael Márquez nace el 13 de febrero en Zamora, Michoacán.

Mason Crest
370 Reed Road
Broomall, Pennsylvania 19008
www.masoncrest.com

Impreso y encuadernado en Estados Unidos de América

Primera Impresión
9 8 7 6 5 4 3 2 1

Series ISBN: 978-1-4222-2594-3
ISBN: 978-1-4222-2598-1
ebook ISBN: 978-1-4222-9141-2

Library of Congress Cataloging-in-Publication Data

Elzaurdia, Paco.
  [Rafael Marquez. Spanish]
  Rafael Marquez / by Paco Elzaurdia.
      p. cm.
  ISBN 978-1-4222-2598-1 (hardback) – ISBN 978-1-4222-2594-3 (series hardback) –
ISBN 978-1-4222-9141-2 (ebook)
  1. Márquez, Rafael, 1979—Juvenile literature. 2. Soccer players—Mexico—Biography—
Juvenile literature. I. Title.
  GV942.7.M335E5918 2013
  796.334092—dc23
  [B]
                              2012030253

ABOUT THE AUTHOR:

PACO ELZAURDIA nació en Montevideo, Uruguay. Es escritor y editor independiente.
Ha sido editor general del periódico *La Visión* de Georgia, EE.UU., freelance para varios
periódicos y revistas del sudeste de EE.UU., corresponsal de la revista deportiva argentina
Olé, y director del periódico de fútbol *Contraataque de Atlanta*.

PICTURE CREDITS:

EFE Photos: 1, 4, 6, 8, 10, 11, 12, 13, 14, 16, 18, 19, 20, 22, 24, 26, 27, 28

SUPERESTRELLAS DEL FÚTBOL
Rafael Márquez

CONTENIDO

CHAPTER 1: Los Comienzos   5

CHAPTER 2: Pasaporte a Europa   9

CHAPTER 3: Numero Cuatro   15

CHAPTER 4: Rafa en los Mundiales   21

CHAPTER 5: ¿Qué Próximo?   25

DESCUBRA MÁS   30

GLOSARIO   31

ÍNDICE   32

CAPÍTULO 1

LOS COMIENZOS

Los defensas de un equipo suelen ser **SUBESTIMADOS** y no logran sorprendentes goles con frecuencia para ganar partidos. Sin embargo, el mediocampo requiere muchas habilidades. Hay que ser rápido, **SIGILOSO**, y adaptable a las necesidades del grupo. Son partes importantes del juego.

Cuando un **DELANTERO** logra un gol, usualmente hay un mediocampo ayudando a fabricarlo. Por supuesto, deben evitar anotaciones del contrario. Un defensa que ha logrado llegar más allá es Rafael Márquez. El defensa mediocampista mexicano se ha forjado un nombre de peso en el mundo del balón pie.

DESDE ZAMORA HASTA GUADALAJARA

Rafael Márquez Álvarez nació en Zamora Hidalgo (un estado mexicano de Michoacán). Su padre fue futbolista profesional en un equipo de Segunda División; le enseñó a su hijo todo sobre el deporte y las habilidades necesarias para ser un buen jugador. Veían partidos juntos y le enseñaba al joven Rafael que si trabajaba duro, algún día podría jugar para equipos españoles o italianos.

El mexicano empezó jugando en la escuela de fútbol, asumiendo que eventualmente jugaría para el club más cercano, los Monarcas de Morelia. Pero otro equipo lo encontró primero.

El Atlas descubrió a Márquez. Éste es un equipo proveniente de Guadalajara, no muy lejos de donde él estaba. Su padre estaba supremamente feliz. Posteriormente, declararía que había pensado que "un día mi hijo sería elegido, un día ganaría un torneo y representaría a México en el extranjero." Y sus palabras se convirtieron en hechos.

UN ASCENSO RÁPIDO

A los 13 años de edad, Márquez empezó a jugar en la escuela de fútbol del Atlas. Estando ahí, su juego mejoraba continuamente. Tenía talento natural e igualmente un **MENTOR** quien era además futbolista famoso: Marcelo Bielsa con cuya guía se esforzó hasta subir de nivel.

El Gran Zorro

Ricardo La Volpe, también conocido como El Gran Zorro, nació en Argentina, pero ha trabajado con equipos de soccer en varios países. Empezó su carrera jugando en el equipo de Argentina que ganó la Copa Mundo y luego entrenando al equipo nacional mexicano (donde conoció a Rafael Márquez) y luego trabajó en Costa Rica. La Volpe es conocido por ser muy impaciente—¡pero es también un gran técnico!

El técnico Ricardo La Volpe ha sido parte importante del éxito de Márquez.

La Liga Mexicana

El balón pie profesional mexicano ha existido desde 1943. Empezó con diez clubes y ha crecido mucho desde entonces, identificándose por divisiones. La Primera División se compone de los mejores equipos y jugadores. Cada año hay dos campeonatos: Apertura en invierno y Clausura en verano. Después del final de cada temporada los equipos de más bajo puntaje en la Primera División se bajan a Segunda—y a su vez, los mejores de Segunda suben a la Primera para mantener vivo el interés.

A sus 17 años, **DEBUTÓ** en Los Atlas—¡en la Primera División! Era entrenado por el famoso **TÉCNICO** argentino Ricardo Antonio La Volpe y tenía compañeros de renombre. En pocos años, había pasado de ser estudiante de fútbol a ser material de Primera División.

Sus primeros años fueron buenos; él y su equipo jugaron bien en los campeonatos del 1999, y llegaron a las finales. Aunque no ganaron el torneo . . . ¡un segundo lugar no sonaba tan mal para ser su primera temporada!

Al mismo tiempo, Rafael estaba empezando a causar una impresión muy positiva a nivel internacional. En 1999, fue elegido para el equipo juvenil nacional que jugó en la Copa Mundial Juvenil en Nigeria, en la que se anotó dos goles. Si bien lograron vencer a su viejo rival Argentina, eventualmente fueron eliminados de la copa. A todas estas Márquez jugó tres temporadas con México, siendo aún un adolescente, y obteniendo grandes logros.

Con su talento natural y su total concentración en el campo, Rafael se ha convertido en una estrella del fútbol mundial.

CAPÍTULO 2

PASAPORTE A EUROPA

En años recientes los futbolistas mexicanos han empezado a abrirse campo en el exterior. Buscan equipos que los desafíen y los haga famosos. Usualmente, su enfoque es Europa. Sin embargo, no todo jugador que se va a Europa regresa convertido en un mejor o famoso futbolista. De hecho muchos terminan en la **BANCA** por una o dos temporadas.

Rafael decidió arriesgarse. Su padre le había dicho años atrás que podría lograrlo y el creía firmemente que así sería.

PRÍNCIPE DE MÓNACO

Márquez jugó para México durante la Copa América del 1999 en Paraguay. Cazatalentos de Mónaco habían venido buscando nuevos rostros. Vieron el juego del mexicano, así que decidieron invitarlo a su país, y le ofrecieron millones de dólares.

El joven futbolista sabía que ésta era su oportunidad para llegar al viejo continente. Firmó **CONTRATO** y se fue al pequeño país europeo. Debutó en agosto del '99, ganando el primer partido, lo que marcó el punto de partida para más victorias. Él y su equipo ganarían eventualmente la Copa de la Liga Francesa y lo hicieron de nuevo en el 2003.

Para entonces, Márquez había logrado reconocimiento propio y era considerado uno de los mejores defensas en Europa. Los técnicos de otros países empezaron a preguntarse si lo haría así de bien en sus equipos.

DESTINO: BARCELONA

Finalmente uno de los mejores equipos europeos quería a Márquez. En el 2003, Barcelona le ofreció 5 millones de euros por jugar para ellos. Su debut fue en septiembre, y unos días después, anotó su primer gol en la Primera División Española. Los técnicos explicaban que habían elegido al mexicano porque "tiene mucho carácter y personalidad con la pelota. Siempre está en el lugar correcto y en el momento indicado, y además . . . transmite su mentalidad ganadora al equipo."

Su primera temporada no siempre fue maravillosa. Además de haber sufrido algunas lesiones, de hecho solo jugó 21 partidos ese año. Pero para el siguiente regresó más fuerte. La **FANATICADA** del Barcelona estaba feliz con él y lo consideraban uno de los mejores jugadores del equipo.

Nada menos que Pelé (el jugador brasilero considerado el mejor futbolista de la historia) ha admirado el juego de Rafa y ha declarado sobre él: "Es uno de los mejores del mundo y en este momento es el mejor defensa de Europa" ¡Márquez ha llegado a la cima!

COPAS

La próxima temporada fue aún mejor. Con su equipo, Márquez ganó el título de la Liga Española, y también ganó la Súper Copa en España y la Liga de Campeones. ¡Era como si nada pudiera detener al Barcelona!

El encuentro de la Liga de Campeones fue particularmente dramático, Barcelona ganó las semifinales con-

Los futbolistas manejan un alto nivel de estrés físico, y muchos de ellos—incluido Márquez—han tenido que quedarse un tiempo quietos para sanar lesiones.

Jugar con el Barcelona fue el boleto de Márquez hacia nuevos y emocionantes desafíos.

¿Jugar por Dinero . . . o la Fama?

Los futbolistas mexicanos no dejan su país en busca de dinero, ya que se sabe que en casa son muy bien pagados. ¡De hecho los jugadores de otros países y de Suramérica quieren venir a México para ganar buen dinero jugando fútbol! Pero los futbolistas buscan la fama en Europa.

Las lesiones pueden retrasar a un jugador, y Rafael ha soportado más de las necesarias.

tra los AC Milán de Italia. Luego tuvieron que enfrentar al Arsenal de Inglaterra—y frente a un público de 77,000 personas, los derrotaron 2–1. Márquez jugó durante todo el partido.

La estrella defensiva le había servido bien a su equipo. Barcelona le renovó contrato hasta el 2010; ésta vez ganaría casi 40 millones de euros.

Sin embargo, más lesiones lo alejaron de la cancha y tuvo que descansar y observar mientras Barcelona seguía ganando victorias. En la temporada 2008–2009, Barcelona barrió con los campeonatos europeos. Ganaron la Copa el Rey y la Súper Copa. Ocuparon el primer lugar en la Liga Española. También ganaron el Campeonato de la Liga Europea, la Súper Copa Europea y la Copa Mundial de campeonato de Clubes FIFA. Márquez no pudo ayudarle al equipo a ganar todo el tiempo,

Los jugadores del FC. Barcelona posan con el trofeo que les acredita como campeones de la liga de futbol 2004-2005, en el Nou Camp.

¿Qué Es la Súper Copa?

La Súper Copa es un partido que se lleva a cabo en Europa y en el que cada año se enfrentan el ganador de la Liga Europea UEFA y el de la Liga de Campeones UEFA. Son las dos ligas más importantes de ése continente y la Copa es un solo partido que determina cual es el mejor equipo ése año.

pero pudo celebrar con ellos—y una vez más se recuperó para volver a la grama.

Márquez jugó con el Barcelona desde el 2003 hasta el 2010. Es el futbolista mexicano con más títulos internacionales, mayormente porque pudo empezar con tan sorprendente equipo. En el 2010, decidió dejar al equipo. Pudo haberse quedado dos años más, pero era consciente que con su tiempo en la banca dadas sus lesiones no estaba aportando mucho—y Barcelona necesitaba a los mejores y en su mejor forma.

Pero no era el final para Rafael, quien todavía tenía muchos juegos por delante en otros equipos.

Márquez estaba listo para el siguiente paso.

CAPÍTULO 3

NUMERO CUATRO

Puede ser que Rafael Márquez haya jugado para el Barcelona, pero jamás olvidó su tierra natal. Jugó también para el equipo nacional, conocido como "El Tri" por el color de su uniforme (rojo, blanco, y verde, de la bandera mexicana).

El mexicano empezó jugando para El Tri cuando aún era un adolescente. Su primer partido internacional fue contra Ecuador en el año '97, después de lo cual casi siempre estuvo en la lista de jugadores elegidos para la selección. Su experiencia jugando en Europa le sirvió de mucho. Trajo sus nuevas habilidades al equipo nacional y se convirtió rápidamente en uno de los favoritos de la fanaticada mientras daba su granito de arena para que El Tri ganó más partidos.

UN COMIENZO INTERNACIONAL

La primera competencia de alto nivel en que jugó Márquez con El Tri fue en el '99 en la Copa América. México fue invitado a jugar entre equipos suramericanos. Aunque México ganó su primer encuentro contra Chile y otro contra Venezuela, perdió frente a Brasil.

México pasó a la semifinal con un poco de desventaja y Brasil los derotó . . . pero El Tri todavía tenía opciones de ganar el tercer lugar. ¡Enfrentó a Chile y ganó!

Éste fue el torneo que convenció a Mónaco de que Márquez era el jugador que buscaban. Lo hizo tan bien que empezó su carrera europea antes que arrancara la internacional.

UNA COPA CONFEDERACIONES PARA ROBAR EL ALIENTO

Muy pronto en su carrera internacional, Rafael enfrentó un enorme desafío. En 1999 se acercaba la Copa Confederaciones, pero además el país anfitrión era México, así que El Tri estaba igualmente bajo mucha presión. Había excelentes futbolistas en la selección nacional, y la gente pensaba que México podría ganar.

En el primer juego contra Arabia Saudita, México ganó 5–1. El segundo

El futbolista mexicano ha podido celebrar grandes victorias durante su carrera.

partido fue un empate con Egipto, y luego le ganaron a Bolivia, lo que les valió ser movidos a la siguiente ronda. Por ahora todo iba bien. En la semifinal enfrentaron a los Estados Unidos, y casi al final del juego, lograron una anotación que les dio la victoria, lo que los llevaría a las finales.

En el último partido enfrentarían a Brasil, un oponente importante. La fanaticada estaba ansiosa por ver lo que pasaría. Primero México llevaba la delantera 2–0; luego Brasil anotó una vez y despúes otra, empatando el juego. México anotó nuevamente, y enseguida, Márquez hace un pase perfecto a su compañero Cuauhtémoc Blanco . . . quien logra el cuarto gol. Aunque Brasil anota su tercer tanto, el marcador se quedó quieto. ¡El Tri lo había logrado!

MÁS PARTIDOS GRANDES

El Tri no se detuvo. Hubo más torneos que jugar y tenía la esperanza de poder re-crear la grandiosa victoria de la Copa Confederaciones.

La Copa América del 2001 fue el siguiente gran evento internacional para Márquez. Una vez más El Tri derrotó a Brasil, solo que esta vez lo hizo en el primer partido, con lo que México subió a las semifinales. Incluso llegó a la final, algo que nunca había logrado hasta ese momento. Sin embargo, solo llegaría hasta ese punto, pues el equipo perdió 0–2 ante Colombia. A pesar de perder el último juego, había probado que era uno de los mejores equipos de fútbol en el mundo.

La siguiente Copa América no fue muy buena para México, ya que Brasil los derrotó muy pronto. La del 2007 en Venezuela estuvo mejor. México derrotaron a Paraguay en los cuartos de final, pero perdieron ante Argentina en la siguiente ronda, lo que significó que lucharían por el tercer lugar en la Copa

¿Cómo Funciona un Torneo de Fútbol?

Los equipos son organizados por grupos que compiten entre ellos en la primera ronda. Obtienen puntos basados en quien pierda, gane, o empate el juego. Obtienen tres puntos por ganar un partido, uno por empatar, y ninguno al perder. Los dos primeros ganadores de cada grupo se mueven a cuartos de final, y el ganador de cada partido avanza a la semifinal. Los ganadores a su vez se enfrentarán en la final. El primer lugar es para el equipo que gane el encuentro y el perdedor queda en segunda posición. El tercer lugar corresponde al ganador del juego semifinal.

La Copa de Oro

La Copa de Oro es un encuentro futbolístico que convoca equipos de Norte y Centro América, el Caribe, y dos países suramericanos. Toma lugar cada dos años, y cada dos torneos se encuentra con la Copa Mundial. Los tres mejores equipos de la Copa de Oro están automáticamente clasificados para ir al Mundial. México y los Estados Unidos han ganado la mayoría de las Copas de Oro en años recientes.

Rafael Márquez es un rostro familiar para la selección mexicana.

Márquez celebra con sus compañeros del Barcelona.

y lo lograron. Derrotaron a Uruguay y obtuvieron el trofeo.

COPAS DE ORO

Rafael Márquez también tuvo la oportunidad dc jugar en tres Copas de Oro para México, y en dos de ellas compartió el trofeo.

En el 2003, El Tri empató un juego—sería el único—y ganó los demás, habiendo sido una Copa ganada con facilidad. Entonces, en el 2007, lo hizo casi también como en la anterior, llegando incluso a la final. Esta vez perdió 1–2 ante los Estados Unidos, y por poco ganó esa Copa también.

Cuatro años después arrasó a sus oponentes. Ganó los encuentros con Salvador y Cuba 5–0 ambos. En los cuartos y semifinal, derrotó a Guatemala y Honduras. El encuentro final contra los Estados Unidos—su rival de siempre—se jugó en Houston, Texas, donde derrotó al país del norte 4–2. Los Estados Unidos había anotado los dos primeros goles, pero El Tri anotaba de manera consecutiva hasta marcar la doble diferencia que los llevó a la victoria.

Rafa trata de mantener a un contrario lejos de la pelota.

CAPÍTULO 4

RAFA EN LOS MUNDIALES

A demás de todas esas Copas América y de las Copas de Campeonatos en que Márquez participó, el mexicano hubo torneos aún más desafiantes—tres **MUNDIALES**.

Cada Mundial marcó la diferencia en la carrera de Rafael. El primero en Corea-Japón, se dio cuando estaba jugando para Mónaco. En el de Alemania estaba jugando para Barcelona, y para el de Sur África ya era una estrella hábil y experimentada.

DEBUT

Aunque en su primer Mundial—Corea-Japón 2002—él era tan joven, el técnico lo nombró capitán de la selección. Fue el capitán más joven de la historia del fútbol mexicano.

A México le fue muy bien en la primera ronda. El primer partido enfrentaron a Croacia, quienes fueran terceros en el Mundial anterior, derrotándolos 1–0. El encuentro con Ecuador fue también una victoria y empataron con Italia.

Al final, enfrentaron a los Estados Unidos, pero Rafa fue expulsado del partido por golpear con la cabeza a un oponente. Debió observar desde el camerino como perdía su equipo y regresaba temprano a casa.

SENTADO

Algunos críticos de Márquez afirman que a él realmente no le importa la selección; saca demasiadas tarjetas rojas y tiene que ser expulsado del partido. Otros piensan que sus reacciones en la cancha son intencionales. Cuando tiene que guardar banca, no puede ayudarle al equipo a ganar. Uno de los mejores ejemplos tomó lugar en el 2009 durante el primer encuentro de la CONCACAF, cuando el mexicano pateó al arquero de los Estados Unidos, lo que le ganó la expulsión. Él no podía jugar en los próximos dos partidos. La selección luchaba por su clasificación al Mundial, así que era importante que todos los mejores pudieran ayudar.

ALEMANIA

Muchos piensan que el 2006 fue el mejor Mundial para México; también sería

¡La selección nacional nunca se cansa de ganar!

uno de los mejores momentos en la carrera deportiva de Rafa, quien sería todavía el capitán del equipo.

La selección lo hizo bastante bien durante la primera fase, lo suficiente para continuar a la segunda. Luego enfrentaron a Argentina, y en el sexto minuto, Márquez anotó un gol, aunque su posición era de medio campo. Se escurrió entre los demás y lo logró, pero luego Argentina logró el empate. Fue necesario pasar a tiempo extra para definir el juego, lo que eventualmente lograron los suramericanos. Aunque Argentina ganó . . . ¡México no se lo hizo nada fácil!

El mexicano describió su experiencia en Alemania: "Hay muchos momentos increíbles en mi carrera desde mi debut. . . . La Copa América con Paraguay, la Copa Confederaciones ante Brasil en el '99, y los Mundiales. Pero el momento que más recuerdos me trae es en Alemania, cuando mostramos nuestro mejor fútbol e incluso creo que lo hicimos mejor que cuando derrotamos a Argentina, pero no tuvimos la mejor suerte y fuimos eliminados."

SUR ÁFRICA . . . ¿EL ÚLTIMO?

En el 2010, México fue a Sur África. El juego de apertura les correspondió contra el país anfitrión. Era demasiada presión y demasiada gente observándolos.

Todo el mundo excepto la fanaticada mexicana le hacía barra al país Africano. El encuentro terminó en empate cuya anotación lograda por Márquez fue otro logro mundial en su carrera deportiva.

México llegó a la siguiente ronda, a pesar de haber perdido ante Uruguay; la selección debía enfrentar a Argentina de nuevo tal como en la Copa anterior. El equipo quería continuar, pero su determinación no sería suficiente. El oponente marcó un gol y luego otros dos. México solo pudo lograr una anotación. Lamentablemente, serían eliminados en el quinto partido de la Copa Mundial.

A pesar de haber sido derrotados, fue una buena Copa para Márquez de todas formas. Había sido de nuevo el capitán del equipo (aunque compartió la labor con Cuauhtémoc Blanco y Gerardo Torrado), y había también logado el record como el futbolista mexicano que más partidos había jugado en un Mundial.

Sur África 2010 puede fácilmente haber sido la última para Rafa, quien cumplirá 35 en el 2014, lo que es mucha edad para un jugador mundialista. Sin embargo, se han visto casos de jugadores de mas de 35 que lo han hecho supremamente bien en un Mundial . . . y la experiencia de Márquez ha resultado un importante valor agregado para sus equipos.

Los fans reconocen a Márquez en el uniforme y fuera de la grama.

CAPÍTULO 5

¿Qué Próximo?

Rafael Márquez ha jugado al rededor del mundo. Empezó con El Atlas en su tierra natal, luego fue a Mónaco, y después a Barcelona—y todo mientras, jugaba con la selección mexicana. Había una parada más que hacer después del Barcelona, esta vez con el viejo rival, los Estados Unidos. Pero hay más en su vida que el futbol.

NUEVA YORK

En agosto del 2010, Márquez firmó contrato con los Toros Rojos de Nueva York, miembros de la Liga Mayor de Soccer de los Estados Unidos. Inmediatamente conoció el estadio del equipo. El mexicano sería el tercer jugador más costoso del país del norte, superado solo por el futbolista inglés David Beckham y el francés Thierry Henry.

La transición entre el Barcelona—uno de los mejores equipos del mundo—y el fútbol de los Estados Unidos—que está en crecimiento—fue duro. En algún momento fue crítico con sus compañeros por no jugar tan bien como él, los fans no estaban tan felices con él y hasta lo chiflaron cuando se publicó el comentario en la prensa.

Sin embargo, Rafa disfruta su vida en Nueva York. Declaró, "Aquí todo es diferente, vivo bien y me gustan la ciudad y el equipo. Puedo apreciar las cosas desde otro punto de vista y ahora puedo decir que me gusta jugar cada fin de semana tanto como el entrenamiento entre semana."

EL HOMBRE DE LOS MEDIOS

Como muchos futbolistas, Márquez no teme decir lo que piensa, incluso al punto de hacer comentarios controversiales a la prensa y llamar la atención por sus declaraciones. Su rostro ha sido publicado en casi todas partes, además de sus entrevistas y partidos, ya que ha aparecido mucho en televisión.

También ha hecho comerciales de bebidas deportivas, carros, y otros. Estuvo en un programa mexicano, en portadas de revistas, y en paginas centrales de periódicos. En Europa, no fue muy distinto, habiendo sido parte de

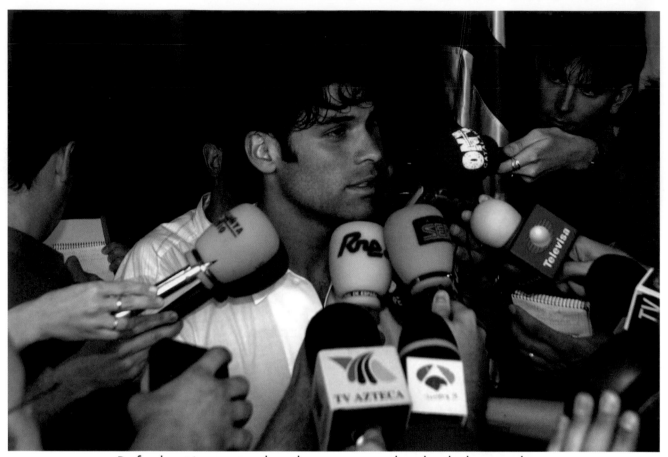

Rafael está acostumbrado a estar rodeado de los medios.

campañas publicitarias como Danone, Telcel, Telmex, Pepsi, y Nike. Apareció en publicidades televisadas de Nike junto a Ronaldinho.

La cobertura publicitaria le hay ayudado mucho. La gente está más orientada hacia los jugadores que hacia los equipos, por lo que los Toros Rojos de Nueva York querían a Márquez, no solo por ser buen jugador sino porque sabían que su nombre podría ayudarles a vender más uniformes y camisetas entre otras. Mucha gente vendría porque sabían quien era Rafa.

Al paso de los años, el futbolista ha aprendido como comportarse ante

Un Hombre de Familia

Rafa se casó con Adriana Lavat el 27 de diciembre del 2003. Su boda se celebró en la iglesia de San Fernando en histórico centro de Ciudad de México con su hijo Santiago como testigo. Eventualmente, tendrían a su hija Rafaela. Cuatro años después, se divorciaron. Desde el 2006, estaba saliendo con la modelo Jaydy Michel, con quien contrajo matrimonio el 4 de enero del 2011 en Costa Careyes, México.

Márquez puede contarse entre los ricos y famosos.

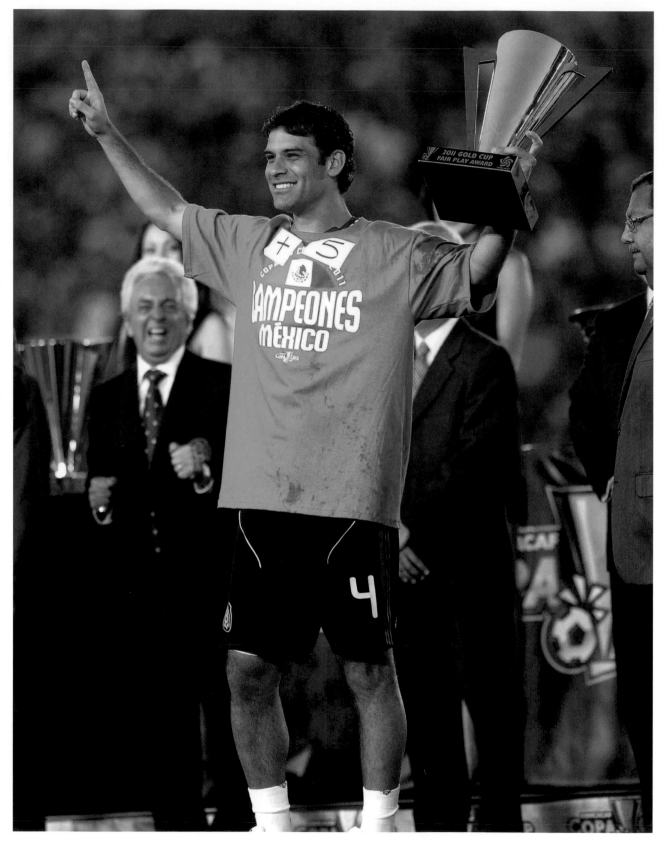

Rafael sigue ganando premios—y la gente sigue aclamándolo.

la prensa. Donde quiera que vaya hay reporteros que quieren entrevistarlo y fotógrafos que desean una toma de su imagen, a lo que él ha declarado: "No es fácil lidiar con eso, es una presión extra que te obliga a mantenerte en mejor forma física y técnica. Tienes que tener claro lo que tienes al frente y tienes que aprender a vivir acompañado de la prensa y del público."

Rafael Márquez ha cambiado de ser una joven estrella a ser un jugador experimentado. Al principio solo lo conocían por jugar en El Atlas . . . ¡y ahora es conocido en todo el mundo!

Ahora es un profesional desde los últimos cuatro años de su carrera profesional, pero también puede dedicar más tiempo al trabajo social, a la Fundación Rafael Márquez, a brindar ayuda a la infancia mexicana que vive en pobreza y a enfocar su ayuda en temas de nutrición, educación, y deportes. Ayuda mucho que la estrella haga apariciones públicas benéficas, pues la meta es garantizar a los chicos un mejor futuro y mantenerlos lejos de las drogas y la violencia.

Márquez ha hecho mucho con su carrera, desde ayudar hasta jugar en partidos emocionantes. Ahora sus admiradores se preguntan, ¿Qué sigue ahora? ¿Se quedará con el equipo neoyorquino? ¿Jugará otro Mundial? ¿O se retirará y decidirá enfocarse en otros temas?

El tiempo es quien nos lo dirá.

DESCUBRA MÁS

Por Internet

AZTECA DEPORTES

www.aztecadeportes.com/homes/futbol-mexicano

ESPN DEPORTES

espndeportes.espn.go.com/futbol/mexico/?cc=3888

FEDERACIÓN MEXICANA DE FÚTBOL ASOCIACIÓN, A.C.

www.femexfut.org.mx/portalv2/default.aspx

HISTORIA DEL FÚTBOL MEXICANO

www.historiadelfutbol.net/historia/futbol-mexicano

UNIVISION DEPORTES

futbol.univision.com/mexico

GLOSARIO

BANCA: Donde se sientan los jugadores a esperar su turno, o por si deben reemplazar a otro, o cuando están lesionados.

CAZATALENTOS: Personas que se dedican a buscar buenos jugadores para contratarlos para algún equipo.

CONTRATO: Documento con acuerdos que se deben cumplir y en el que se comprometen dos o mas personas.

DEBUTAR: Presentarse por primera vez en un juego o partido.

DELANTERO: Jugador de futbol cuya labor es llevar la pelota hacia adelante del campo para lograr el gol.

FANATICADA: Grupo de personas que disfrutan de sus estrellas favoritas—fútbol, música, arte, etc.—y conocen mucho de ellos y procuran seguirlos a donde vayan.

MENTOR: Maestro, guía, instructor, inspirador.

MUNDIALES: Torneos futbolísticos que integran 32 equipos en el mundo entero para representar a sus países por el premio al mejor equipo del mundo.

PROFESIONAL: Persona que recibe dinero para jugar en alguna rama particular.

SIGILOSO: Cuidadoso, que tiene precaución.

SUBESTIMADO: Poco apreciado, no se piensa de el o ella con admiración.

TÉCNICO: Persona a cargo de guiar al equipo en como jugar y quien elige a los miembros del equipo y donde colocarlos.

ÍNDICE

Apertura 7, 23
Atlas 5, 7, 25, 29

Beckham, David 25
Bielsa, Marcelo 5
Blanco, Cuauhtémoc 17, 23

Cazatalentos 9
Clausura 7
CONCACAF 21
Copa América 9, 15, 17, 23
Copa Confederaciones 15, 17, 23
Copa Mundial 7, 12, 18, 23
Copas de Oro 18–19

familia 18, 26
FIFA 12

hija (Rafaela) 26
hijo (Santiago) 5, 26

Lavat, Adriana (esposa primera) 26

La Volpe, Ricardo Antonio 6–7
Liga Mexicana 7

mediocampo 5
medios 25–26
Michel, Jaydy (esposa segunda) 26
Monarcas 5
Mundiales 21, 23

padre 5, 9
Pelé 10
Primera División 7, 9

Segunda División 5
Súper Copa 10, 12–13
Sur África 21, 23

tarjetas rojas 21
Toros Rojos 25–26
Tri, El 15, 17, 19

Zamora 5